풀잎

김정옥 시집

시인의 말

묶어 두었던 끈을 풀어본다

수줍은 나의 마음이
깨끗하게 단장한 예쁜 미소가 되기를

슬레이트 지붕을 지나 함석 대문을 지나
살금살금 걸어갈 우리의 삶에 누가 되지 않기를

새로운 골목은 낯설고 두려움이 다가오지만
쿵쾅거리는 나를 만나는 소중한 시간이기도 하다

빼꼼히 내민 새싹을 포근한 눈길로 바라봐 주길
따뜻한 햇살 비추어주기를

그렇게 이슬방울 매달고 검은 흙 부으로 나왔다
상큼한 아침 햇살 바라보며

2022년 5월

따뜻한 봄에 김정옥

차 례

● 시인의 말

제1부

풀잎 ─── 10
설익은 우리 ─── 13
봄날 ─── 14
호수 ─── 16
하늘 ─── 18
반쪽짜리 ─── 20
거미줄 ─── 22
너의 계단 ─── 24
비탈길 ─── 25
불거진 뼈 ─── 26
알밤 ─── 27
둥지 ─── 28
쐐기풀 ─── 30
파란 눈물 ─── 31

제2부

발걸음 ——— 34
씨앗 ——— 35
제비집 ——— 36
감 냄새 ——— 38
의암리 ——— 39
외할머니 역 ——— 42
고향 집 ——— 44
신발 ——— 46
방 ——— 48
흙 ——— 49
찢긴 너 ——— 50
건축 ——— 51
허물 ——— 52
구로동 ——— 53
나의 밤 ——— 54

제3부

웃음소리 ——— 56
고치 ——— 57
할머니 ——— 58
겨울 ——— 61
껍데기와 햇살 ——— 62
풀길 ——— 64
숨 ——— 65
검정 고무신 ——— 66
뚤방 ——— 67
문 ——— 68
외출 ——— 69
수양버들 ——— 70
명태 ——— 72

제4부

대사리 ──── 74
호미질 ──── 75
머리 검은 짐승 ──── 76
들깨 모종 ──── 77
빈집 ──── 78
터 ──── 79
사람들 ──── 80
할아버지 ──── 82
무덤 ──── 83
당숙 할머니 ──── 84
아버지 ──── 87
벚나무 ──── 90
만나고 싶은 봄 ──── 92
장독대 ──── 94

▨ 김정옥의 시세계 | 권온 ──── 95

제1부

풀잎

1

구불구불 작은 길로 들어가서
오랫동안 쉬고 싶었어요
아무도 못 보게 누워 있으려 했어요
그런데 그만 들켜버렸어요
숨소리가 너무 커서 밖으로 나와야만 했어요
밖으로 나와서 다시 작은 길을 빙글빙글 돌다
의자에 앉아 있다 들어가려는데
그 좁은 길이 무너지고 있었어요
튼튼한 줄 알았는데 물에 천천히 잠겨지고
발이 빠지려고 했어요
발에 진흙이 묻고 얼굴엔 상처가 나는데
나는 더 들어가고 싶어요
나와서 깨끗한 곳으로 가면 되는데
어둡고 좁은 길로 자꾸만 몸이 움직이네요
그곳엔 나만 볼 수 있는 달콤한 열매가 있거든요
색도 참 예뻐서 두고 나오기 쉽지 않네요

그러니 길 앞에서
물이 빠지길 기다려 보려고요
좁은 길에서 시간이 더디게 흐르고 있어요
나는 갈 수 있을까요, 당신에게로

2

병 조각이 깨져 발을 상하게 하는 길은
들꽃이 별처럼 펼쳐져 있기도 했어요
우박이 떨어지기도 했지요
작은 우산이 찢어져 물이 새고
온몸을 축축이 적셨어요
나는 옆으로 난 작은 오솔길을 발견하곤
얼른 그곳으로 도망쳤어요
숲이 우거진 곳에 커다란 우산이 놓여 있었지요
우산을 슬그머니 잡고 걸었어요
걷다 보니 구불구불하고 캄캄한 숲을 헤매고 있었어요
사나운 짐승의 포효가 들려와

눈을 크게 떠봐도 앞이 보이지 않았지요
커다란 바위랑 가시나무가 막아서고 있었어요
우산을 펼치자 커다란 우산은
갑자기 저 멀리 달아나는 거예요
비에 흠뻑 젖어 헝클어진 나는
젖은 몸을 말리며 엉금엉금 기어갔어요
살이 쭉 빠진 멸치처럼
두리번거리며 우산을 찾았어요
우산은 낡고 힘이 없었지만
버려둔 그 자리에 얌전히 있었지요
다시 집어 들어 펼치자 찢어진 우산 사이로
예쁜 꽃이 피어 나를 반기는 거예요
잔잔히 웃고 있는 아담한 집도 한 채
웅크리고 앉아 있었어요
딱 맞는 옷도 개켜져 있었지요
소박한 음식을 먹고 방안에 누워
맑은 노랫소리에 깨어보니
모든 것이 여기에 있었어요

설익은 우리

떫감을 똑 따서 씹었다
삼키기엔 목이 아파서 몇 번 씹다 뱉는다
베인 잇자국을 가진 너는 땅으로 떨어져
흙을 묻힌 채 기우뚱 앉아 있다
설익은 감 맛이 풍겨온다
설익은 너와 나의 풍경이 지나가고
새벽 공기가 감싸주는 날
새벽안개가 뿌옇다
선명하지 않은 날들이 고개를 넘어가면
달콤한 향을 데리고 건너올 거야
설익은 감이 바람을 간지럽히며
붉어진 얼굴로 입맞춤한다

봄날

1

하얀 햇살을 나무 의자에 앉혀두고
구부려 놓은 예쁜 길을 따라 걷다
자작나무에 걸린 바람이랑
온몸을 딱 붙이고 돌아난
풀 한 포기 눈에 심어
나무 의자에 앉혀둔 햇살이랑
이야기꽃 피운 날
봄이 눈에서 피어나고
이야기가 살아 있는 너와 나
그런 날 꼭꼭 접어서
책장 사이에 꽂아 두고 싶은 어느 날.

2

보글보글 끓어오르는 비눗방울이
유리문 밖으로 빠져나가려고 퐁퐁퐁

머리칼을 쓸어 넘기고
네 품 안에 꼬옥 안기는 걸 상상하곤 해
따뜻함이 쿵쾅거리는 가슴에 안기면
눈을 감고 기대어 분홍빛 입술을 찾겠지
그렇게 빠져가고 있나 봐
그렇게… 한없이… 그칠 줄 모르고
얇아진 옷을 걸친 채 달려가고 있나 봐
눈동자는 한들한들 거린 채
딱딱한 살을 뚫고 연둣빛 설렘을 꺼내어 는빛을 만드나 봐
부드러운 살결에 터져 나오는 탄성
나 좀 안아 줄래 피어나는 잎 사이사이에서 꼬옥

호수

시간을 감추어버리는 너
깜빡이는 속도가 느려지고
반짝이는 얼굴에 시선이 닿을 때
저 깊숙이 마시는 살아 있음

너를 만나느라 시간 가는 줄도 모르고
방긋 웃음이 틈 사이사이마다 초록으로 빼곡하다

기다려지는 너의 목소리
들리지 않는 이야기들
눈을 감아도 넘쳐나는 두근거림

선을 지킬 수 있을까
넘어가 보고 싶은 선
한 손 담가 만져볼까 찰랑

어디까지 갈 수 있을까
산 그림자 너머 어디까지

발을 담그면 점점 깊이 빠져 허우적대겠지
목까지 물이 차 빠져나오기 어렵겠지

그저 여기서 바라만 보아야겠지
너를 이곳에서 숨죽이고 바라만 보아야겠지
그렇지만
앉아 있는 네가 나에게 살짝 뛰어서 와주면 안 될까
조금만 더

하늘

하늘을 꽉 묶어 몸통을 만들었어
웃고 있는 얼굴을 몸통에 꽂아 주고
좌우로 팔을 하나씩 끼워 주었지

빈 들판을 지키던 그는 내가 다가가면
활짝 웃어주었어
두 팔로 안아주면 온기가 전해져
옷을 벗어 던지고 안겨 있었어
밤이 되면 하늘이 이슬에 축축이 젖었다가
아침이 되면 햇살에 말라

새벽이 되면 몸통이 헐거워지고 썩어가
안아주어도 바람이 숭숭 뼈 사이로 들락여
옷을 입어도 찬바람이 파고들어 와
습기 찬 하늘을 들고 와 햇살에 쫙 펼쳐 말리고는
꽉 묶어서 데리고 갔어
하나라도 빠질까 비 내리는 곳을 피해 갔지

들판에 있던 하늘은 사르르 무너져 내려
얼굴이 엉망이 되어버렸어
웃고 있던 그는 화가 나 있었어
몸통에 달고 있던 얼굴이 떨어져
차가운 바닥에 놓여 있었지

화난 얼굴을 슬며시 안아 새로운 하늘에 올려주었어
그는 고개를 갸우뚱하더니 몸통을 절반 쭉 빼고는
작은 산 뒤로 흔들흔들 춤을 추며 한 팔을 두고 뛰어가
멀리서 들려오는 너의 웃음소리

반쪽짜리

빈 접시에 너를 담아두고 먹었어
먹어도 너는 가득 차 있었지
늘 배가 불렀어
접시에 있던 네가 점점 사라져 가는 거야
너는 반쪽짜리 접시에서
온전한 접시로 옮겨가고 있어

접시를 바라보니
빈 냄새가 입으로 타고 올라와
입을 헹구어 내도 구역질이 나
접시에 조금 남아 있는 표정이 좋지 않은 너는
화를 참지 못해 몸을 자주 쿵쿵거렸지

흔들리다 깨져버릴 뻔한 접시에
금이 가고 이가 빠졌어
귀퉁이로 밀려난 접시는 금방 떨어져 깨질 것 같아
불안한 너는 새로운 접시 위로 건너가

몇 번이고 왔다 갔다
빗물을 앉혔다
햇살을 앉혔다
실금 사이로 쭉 빠져나간
너와 빗물 햇살

조금 남아 있는 너를
온몸으로 막고 있어
시린 하늘을 머금고 축축한 땅에
두발을 깊숙이 담근 날들이 계속되고 있어

거미줄

한 줄이 떨어져 나가면
남아있는 줄이 목을 감는다
괜찮다 나는 괜찮다

찐하게 포옹하고 놓아주지 않는 날
목에 힘이 빠지고 눈알이 빗물에 뒹굴
바위 아래 눌린 다리

나를 칭칭 감고 자라나
이파리가 노랗게 말라 떨어지면
초록 이파리가 손을 벌리고
햇볕을 받아 반짝거린다

몸이 썩어 가면 뿌리를 길게 내리고
이파리를 키워 몸을 떨면
다른 팔을 뻗어 질식시킬 거야

떼어내려 바둥거려도

흙탕물을 먹으며 자라나 열매를 맺어
나는 주글주글 주름살을 늘려가고 있어

비상구를 찾지 못한 채
날짜를 지워가고 있어
줄이 없어져도 나는 너를 떠나지 못해
하나가 되어버렸어

너의 계단

노란 부챗살 지느러미가 바닥에 펼쳐 있어
아가미로 가쁜 숨을 쉬느라
가느다란 지느러미가 들썩거려
옆으로 누워서 움직이기만 해
바닥에 쓰러져 있는 너에게
방을 만들어주었어
넌 저녁이 지나 새벽이 되는데 할딱이고 있어
아파서 누워만 있는데
나는 물을 마시고 밥을 먹어
네가 잠 못 들어도 나는 잠을 청해
나는 고작 네가 일어나길 바라고 있을 뿐이야
결국 지느러미를 멈추고 눈을 뜬 채 누워 있어
연한 빛깔이 말캉거려
내장이 비치는 몸
물살을 가르며 살아냈어
오염된 물속, 좁아진 방 안에서

비탈길

밤이 내려와 발을 누르며 잡는다
쪽빛 햇살이 나뭇잎 사이를 비추다
강물로 빠진 사이
밤이 눈을 끌어당긴다
눈이 멀어 가시나무에 찔린 채 주저앉는다
목이 마르다
내려가다 보면 건져낸 물이 맑게 흐르리라
돌덩이가 떨어진다 풍덩
습한 공기가 숲을 에워싸고 찬 바람이 불어와
두 손을 허우적거리며 찾는다
밤이 깊어 심장이 두근거리는 소리
물소리를 덮는다
조금만 더 가면 물을 마시고
몸을 적실 수 있어
발을 움직인다
유유히 흐르는 산 그림자 아래
숨죽이고 내려간다

불거진 뼈

까맣게 찌들어 말라버린 땟자국
산발을 한 머리카락이 제멋대로 엉키어
쓰레기장 구석에 얼굴을 처박고 엎드러져 있어
담배를 피워 불을 꾹 눌러 끄고 누군가는 취해
구역질을 해
찢어진 옷 사이로 흘러나오는 오물들
숨도 쉴 수 없어
머리카락을 조심스레 쓰다듬던 일
손을 잡고 노래를 부르던 일
배를 만지며 꼭 껴안아 주던 일들이 떠올라
언젠가부터 손길이 사라지자 앙상해
얼굴빛은 어두워
어둡고 컴컴한 구석으로 밀려나
먼지가 잔뜩 쌓이고 땟국물이 내려앉자
거들떠보지도 않다가
마구잡이로 휙 낚아채 버려졌어
어깨가 축 처진 나는
고꾸라져 눈을 감아

알밤

새벽 공기를 마시며
투두둑 떨어진 이슬 옷을 입은 촉촉한 널
가슴 뛰며 찾아다녔어

한 알 두 알 꼼지락거리며
손가락으로 집어 들 때
두려움이 엄습해와

빈집 뒤안
새벽이슬을 밟으며
두세 알 주워 재빠르게 집으로 돌아갔어

따라 오는 축축한 나뭇잎 소리
마당을 가로질러 골목을 지나 개울물 소리에
안심하곤 얼른 방 안으로 들어갔어

둥지

1

둥지에 날아가 살포시 앉아
가벼운 날개를 접고 눈을 감았어
사르르 잠이 들곤 했던 포근한 둥지

늘 기다리느라 빈 하늘이 아팠던 너
날아가면 나뭇가지만 껴안고 있던 너에게
이젠 내가 언제든 쉴 수 있는 둥지가 되어줄게

날아갔다 돌아오면 항상 그 자리에 있을 거야
비가 내려도 눈이 내려도 지키고 있을게
여기에서

2

하얀 솜털 구름 위에 집을 지은 둥지
바람이 불어도 눈이 내려도

단단히 매달려
까만 밤 위에 파아란 하늘 위에
쓰러지지 않는 하늘을 담은 둥지
뿌리를 내리고 안착한
작은 둥지가 부서지지 않는다
머리가 깨질 것 같아도 눈이 따가워도
빙글빙글 어지러워도
나의 둥지엔 생명이 꿈틀댄다
가느다란 나뭇가지 꼭 붙잡고
텅 빈 속을 드러내어 품는다
파낼수록 깊어져 더 폭 안는다
삐악거리는 생명을 담은 둥지

쐐기풀

덩그러니 남아 쐐기풀을 쓱 잡아본다
피라도 흘러나오면 좋겠어
너를 잃어버리고 사라졌어
어디에 있는지 보이지가 않아
눈앞에서 사라졌고 나는 그 자리에 남아
너를 기다리고 있어
기다리던 내가 잠도 밥도 먹지 않고
쓰러져 있어
잘 보내주려 했는데 쓰러져 있느라 보지도 못했어
새로운 흙을 밟고 새로운 밥을 먹을 너
나도 부드러운 밥을 삼키는 날 올 거야
가시밭에 웅크리고 있는 나를 찾아서
까만 얼굴 처진 몸뚱이 살살 꺼내 보니
몸이 상해서 시큼한 냄새가 나
넘어가지 않아도 억지로 먹어보는 죽 한 숟가락
천천히 일어나
옷을 싹 갈아입자

파란 눈물

파란 냄새가 뭔지 알아
파란 비가 우두둑우두둑 하염없이 내리는 날
파란 냄새가 나

새벽이 오려고 하는데 비가 추적추적 내려
쌓였던 마음이 떠내려가

울음이 그치고 파란 눈물이 쏟아져 내려

푸르른 초록빛에 하얀 눈이 조그맣게 보여
눈물을 머금고 자란 초록빛

파란 냄새를 끌어안고 파란 새벽이 온다

제2부

발걸음

처음부터 발은 없었던 거야
만들어보려 했지만 생겨나지 않았어
생기려던 발가락이 무성한 풀에 가리고
썩어가는 풀 속에 숨어 있었어
너에겐 내 발 대신 목발이 생겼어
목발을 짚고 움직일 수 있는 넌
뭉뚝한 내 다리를 보다가
고개를 젓더니 반대 방향으로 걸었어
주저앉아 땅만 바라보다 썩은 풀잎을 치우려는데
다리에만 쌓여 있던 풀잎이
어느새 목까지 차 올라와 있었어
몸을 움직여 털어내려는데
흙먼지와 퇴비 냄새만 나
목이랑 팔다리가 넓고 깊게 쌓여버린 퇴비에 묶여 있어
나는 길을 잃어버린 채 멍하니 보고만 있어
너에게로 가는 발을 잃어버렸어

씨앗

홀로 밤을 건디는 시간
가시 껍질 속에 숨겨두어 보여주지 않으려 했어
거름을 주어 기름진 밭을 만드는 동안
그걸 톡 꺼내어 버렸어

품에 안아두었다가 뾰족한 가시에
잠시 내려놓으면
가시를 헤집고 내 손때 묻은 걸 탐내

만져보더라도 두고 가
소리 지르지도 못한 채 가져가는 걸 눈 뜨고
보고만 있어 구석구석 텅 빈 나는
빼앗지도 못해 얌전히 가길 기다려

사라지지 않게 종종걸음으로 따라가고 있어
확 버리지도 못한 채 빠져나간 껍질만 바라보고 있어 난

제비집

회색 슬레이트 지붕 아래 찍찍거리는 생쥐들
밤새워 달리기 시합을 했어
네 모퉁이가 쥐 오줌으로 적셔진 천장
생쥐가 떨어질까 맘 졸이다가
잠이 들곤 했던 좁은 방안

전깃줄엔 참새들이 다닥다닥
처마 밑엔 귀여운 집
바닥에 떨어진 새끼 한 마리 넣어주었어
빨랫줄에 종종 내려앉은 잠자리들
아직도 마당을 지키고 있는 감나무 한그루

골목을 지나면 아주머니들의 빨랫방망이 소리
이슬 맺힌 풀숲을 걸으면
한두 채 정도 나타나는 음침한 빈집들
환한 대낮에 들어가도 냉기가 쫙 흐르지

꽹과리 징 북이 춤을 추는 동네잔치

쌀도 내놓고 돈도 내놓고 어울려 먹었어

허물어진 돌담을 넘어
빨간 뱀딸기 돗나물 달래 잼피 나무
꽃상어 소리 구슬피 산을 오른다

감 냄새

곤충들이랑 새소리가 바람과 함께 뛰어오는 날

달콤쌉싸름한 향이 나는 까마귀가 울부짖는 숲속
벌레 먹은 풀잎 위에 두 눈을 앉히곤
까만 개미가 바위틈으로 들어가는 걸 바라본다

눈이랑 귀를 걸어 잠그고 살다
문고리를 열어 꺼내어 본다

달큼한 감 냄새
끊임없이 존재해나가는 생명들

너에게 안긴다

의암리

1

잘 영근 오이 하나를 똑 따서 물에 씻어
반으로 탁 쪼개어 주면
아그작 아그작 잘도 씹어 먹는다
꼭지가 붙어 있는 짙은 초록 부분을 먹으면
키가 큰다 했던가 머리가 좋아진다 했던가
몸에 좋다는 누군가의 이야기로 쓴 부분도
다 먹어 치운다

여과되지 않는 햇볕들이 직선으로 내려올 때
인적 없는 야트막한 산으로 올라가
몇 개 없는 산딸기를 따서 입속으로 넣는다
어제도 친구들이랑 왔다 간 곳
몇 개 달려 있지도 않은 산딸기를 먹겠다고
무서움을 대롱대롱 달고 하나 따서 얼른
입속으로 넣는다

작은 다리가 하나 있고 그 아래로 미꾸라지
작은 물고기들이 살고 있는 물가로 내려가면
오디나무에 까만 오디가 손에 닿듯 안 닿듯
아슬아슬한 오디를 발꿈치를 치켜들고
나뭇가지를 잡아당겨 냉큼 따 먹는다

풀잎들이 빈집 마당가를 채워 넣어둘 때
빈집으로 들어가는 골목길은
늘 비어 있어 비석치기 놀이를 한다
입이 심심해지면 골목 끝에 아담하게 자라난
풀잎 사이 먹색으로 변한 작은 구슬들을
톡 따서 입속으로 넣는다

2

들리나요
풀벌레가 다리를 쭉 펴는 소리가
얼마 전엔 비가 후두두 떨어졌는데

이젠 반짝반짝 빛나는 소리들이
찌르르 떨어지네요
터져 나오고 있어요
사그라지지 않은 불빛처럼
귀에 쏙쏙 넣어주고 있어요

외할머니 역

감자 고구마 보따리를 이고 장에 간다
몇 알 담긴 바구니를 앞에 두고
손님을 기다리며 쪼그리고 앉아
얼마냐고 묻는 아주머니께
천 원이요 이천 원이요 교환을 한다
얼마 팔리지도 않았는데
외할머니는 내 손을 잡고
뜨거운 해를 맞으며 장터 안
허름한 음식점으로 향한다
팥칼국수 두 그릇이요
달콤한 맛이 입안에서 녹아내린다

오일장에서 팔다 남은 감자알 고구마 알
들고 버스에서 내린다
어린 마음에 바구니 앞에 앉아 있던 내가
괜히 부끄러워 한없이 작아졌고
등이 굽은 외할머니가 안쓰러웠다
한없이 착하기만 하셨던 분

장터는 나와 외할머니의 소중한 추억이
곱게 내려와 아직 그 자리에 있다
농사지은 작물을 조금씩 내다 팔아
적은 돈으로 바꾸어 먹이고 입히고 사셨을
나의 소중한 분

그 역에 멈추어 본다

고향 집

1

뾰족뾰족 가시 돋친 풀잎 위를
새하얀 동물들이 뛰어다닌다

얇은 얼음 막이 하얗게 붙은
함석 문을 열면
마당에 발이 푹푹 빠진다

슬레이트 지붕 처마 끝
고드름이 찬 햇살에 줄줄이 달려 있다
하얀 입김이 닿을락 말락

2

어머니가 시집올 때 수놓았다던 검정 사각 베개
사각 나무 재떨이
외할머니가 맏딸을 시집보내며 사주신 사기요강이

방안의 비밀을 감추고 입을 다문다

익은 밀가루 반죽을
끌려 나온 숟가락으로 떼어 뜨거운 햇볕 위에
담아내는 어머니

낡은 집을 벗어나지 못한
구부러진 나무를 닮아가는 아버지는
어머니의 머리 위에 쓸데없이 부회를 쏟아놓는다

흙 위에 몽글거리는 수돗가 옆 진초록 이끼랑
쏟아지는 한낮의 열기를 맞으며
쑥 자라지 못한 키 작은 옥수수 대가
마른 열매를 매달고 힐끗힐끗 쳐다본다

신발

항상 정신이 나가 있었어
뒷골목을 찾아 돌아다니느라
집을 비우는 날 많았지

손등에 피가 났어
검은 피가 끓어대 입 밖으로
새어 나오곤 했지
손으로 막아도 멈추지 않아
입을 벌리고 한참을 쏟아내고서야
새벽이 되어 집으로 돌아와 쓰러져 잠이 들었어

다음날도 흘러나오는 대로 다 쏟았어
피가 멈추자 검은 연기가 뿜어져 나와
울긋불긋한 반점들을 삼켜
생채기 난 피부와 부어오른 입술을
방치한 채 흘려보냈어

새벽이슬을 밟은 신발을 벗었어

빨아도 냄새나는 마음은
상처투성이를 감싸 안아주곤 해

곰팡이가 피어 각질을 뜯어내 피가 질질 흘러
맨발로 축축한 오물을 묻혀 와도
낡고 해진 마음을 기꺼이 받아들였어
피를 도장처럼 찍고 다니던 발꿈치는 아물어
밖으로 돌던 신발을 깊숙이 넣어두었어

방

가슴을 가르고
머릿속을 열어 너를 꼭꼭 가두었어
내 작은 눈 안에 숨겨두었지
눈치채지 못하게
발을 잘라 방에 넣어두었어
어느 날 잘린 발을 이어붙이더니
신발을 찾아 신고 돌아다녔어
절뚝이는 발걸음을 쫓아갔지
다리를 잘라내 방에 넣어두었어
너는 아픈 다리를 부여잡고
흐르는 피를 보다가
다리를 붙이고 새 신발을 사 신었어
내 다리를 잘라
내 눈을 가리고 머릿속을 열어
갇혀있던 너를 꺼내어줄게
너는 신발을 신어

흙

흙을 밟는다
볼록 올라온 흙을 두 발로 번갈아가며 밟는다
밟아도 한쪽이 들어가면 반대쪽이 쑥 올라온다

삽으로 퍼내어 다른 곳으로 옮긴다

평평해진 땅에 쓸려온 쓰레기와 흙더미가 쌓인다

쓰레기를 치우고 흙더미를 내버려 둔다
쌓일 대로 쌓여보라지
푹 파인 것보단 쌓여 있는 게 나을지도 몰라
차곡차곡 자루에 담는다

없어지는 날 꺼내어 평평하게 땅을 다질 거야
흙은 올라갔다 내려갔다 춤을 춘다

찢긴 너

다급함을 가장하여
너를 어느 곳에서나 뜯어냈지
부족하면 또 뜯어냈어
귀퉁이를 내어주곤 흐트러진 얼굴을 찌푸리다
부족함을 채우려 또다시 뜯어내면
마음을 푹 놓아버리는 너
절반을 쭉 찢어도 어김없이 내어주었어

좁은 틈 사이 끼워져도
젖은 얼굴 찡그리다 내려가
미세한 틈을 비집고 들어가
끝까지 내 안에 있는 너

찢겨 뜯긴 너는
나를 비워내고 채워주고 있어

건축

긁혀버린 창자 냄새가 나
살이 찢기어
썩은 피비린내가 진동하는 것 같아
가녀린 가슴으로 들어간
너를 끄집어내야 해
꺼내고 또 꺼내고
얼마 동안 꺼내는 일을 멈추지 못할 거야
꾹꾹 눌러 쌓아놓아 단단해진 벽돌
깨뜨리고 또 부수어 꺼내
튼튼하게 짓고 몇십 년을 살아보려 했어
고작 몇 년 만에 부서져
다 꺼내어 버리고 새로운 집을 지을 거야
허물어질 집을 짓고 꺼내고 짓고
꺼낼 때마다 피가 나고 살집이 뜯겨 나가지만
새로운 집은 언제까지고 지을 거야

허물

나의 칼날에 내가 베이고 나의 금 간 마음에 멍이 들었다

네가 그랬고 내가 그랬다

허물은 고스란히 내 밥 위에 올라와 넙죽 엎드려 바라본다

칼날을 들던 내가 보이고 칼날을 쥐고 있던 당신을 바라본다

내가 먼저 들었던 칼날이 나를 바라본다

구로동

매캐한 기름 냄새
치이직 치이직 쇠 깎는 소리
회색 옷을 입고 기계를 만지며
착 가라앉은 잿빛 아래 또닥인다
회색빛 낮은 건물들 사이
기계 냄새
한때 즐비했을 모습이
여기쯤 저어기 쯤 살아남았다

상경하여 꿈을 접고 오랜 시간 노동을 했을
가난한 시골집 자식들
기술을 익히느라
부지런히 놀렸을 손발
노란 불빛 아래 밤과 낮을
졸린 눈 비벼가며 달려왔던
회색 잠바를 입은 노동자들의
땀과 눈물이 곳곳에 흩어져 있다

나의 밤

질경질경 씹히는 하루
단물이 쏘옥 빠지면 뱉어진다

세상은 나를 씹는다
커다란 입안에서 말랑말랑 움직인다

단물 쪽 빠진 나는
하얀 얼굴이 누런색이 된다

뱉어진 나는 몸을 동그랗게 웅크리고
바스락대는 종이에 싸여 버려진다

제3부

웃음소리

확 트인 길을 찾느라
가시에 찔려 피가 나

칡넝쿨을 헤치고 달콤한 열매를 따 먹다
뱀, 풀벌레를 만나

꾸역꾸역 나뭇가지 잡는다
풀, 열매 따 먹는다

습한 길
눈물 떨어져도 흘러둔다

웃음소리 주워 담아
슬픈 소리에 웃음 하나 꺼내어 톡 터트린다

고치

이불 속에 쏘옥 들어간
하얀 고치

끙끙 앓는 손이 질질 끌려 나와
슬금슬금 눈치 보며 대강대강 옴지락거린다

억지로 끌려 나온 기운이
하얗게 말라 바닥에 픽 쓰러진다

잠을 한 숟가락 마시고
미세하게 회복하여 눈만 끔뻑끔뻑

쭈글거리는 몸뚱어리 펴보려는데
탱글탱글 윤기는 외출 중

고장 난 다리미로 다림질하는 나는
여전히 쭈글거린다

할머니

1

뾰족뾰족
검게 그을린 진물 난 얼굴 위로
손등 발등 위로
마른 가시처럼 툭툭 튀어나와 있다

주렁주렁 매달린 아이들
병원에 누워 있는 남편을 대신하여
고단한 삶을 살아낸 몸

쭈그러지고 오그라졌지만
새벽부터 온몸을 쥐어 짜내고
저녁이 되면 작은 몸을 앉혀본다

힘겨운 몸놀림 안에
쓰라린 여정
너그러운 웃음이

눈물로 지샌 날들이
사랑으로 품어온 아이들이
똬리 틀고 앉아 있는 몸뚱아리

온몸을 덮고 있는 고단한 그림자 위로
삐죽이 마른 웃음을 풀썩 웃어본다

2

  눈빛을 마주하니 사이사이 웃음이 사이사이 애환이 꿈틀대 헤지고 희미해진 지나온 삶의 흔적을 흐르는 맑은 물에 찰랑찰랑 흔들어 씻어낸다 저녁 내내 걸쳐두었다가 햇볕 쨍쨍할 때 쫙 펼쳐 널어 뽀송뽀송해지면 곱게 접어 넣어둔다
  쉴 틈 없이 물들였던 삶의 조각 발랄했던 이삼십 대를 훌쩍 뛰어넘어 어느새 좋은 날, 떠날 날을 염려하며 약봉지를 떠나면 열이나 버티다 다시 찾아 먹는 갖가지 약들, 쉴 틈 없이 뛰어다닌 삶에 곤고했던 삶에 눈물겨웠던 삶에 사랑스러웠던 그 삶에 박수를 친다.

3

주인 있는 자리에 앉아 내 자리여
끝까지 우기는 할머니 덕에 서서 가야 하는 주인은
승무원을 만나 다른 자리로 이동한다
할머니의 아들과 통화 후
30분을 일찍 타버린 걸 알았지만
내 자리여 6번
고집을 부리며 일어나지 않는 할머니
나이가 든다는 건 조금은 서툴러지고
도움이 필요해진다
구름이 잔뜩 낀 하늘을 매일 바라볼지도
흐릿한 글자를 보며 길을 헤맬지도
들리지 않는 목소리 대신 입 모양을 보며
얼버무릴지도 모르는 날들

겨울

위잉윙
차가운 바람 피해 들어왔는지
추운 밤 검은 곡소리
온 세상에 혼자인 것처럼
싸늘한 방에 낮은 한숨
새끼 꼬듯 이어지는 것이
닮아서인지
흰 서리 내린 날 벌벌 떨다
작은 구멍 비집고 들어온
네가 측은하다
마지막을 알리듯
긴 울음을 터트리곤
잠이 들었는지
끊어질 듯 이어질 듯
들려오던 작은 진동 소리가
매서운 공기에 회색빛 날개를
잃어버렸는지
숨소리만 거미처럼 온 방 안을
찾아 돌아다닌다

껍데기와 햇살

고개를 숙이고 잔뜩 움츠러 있어
움직일 때 내장이 터지고 껍데기가 부서져
깨져가는 껍질 밖으로 생채기 난 몸을
가까스로 빼냈어

엉겨 붙은 피, 얇은 막이 찢겨 있어
골 자국 펴지느라 톡톡 쏘는 숨소리
차가운 바람이 불어와
빠져나온 곳으로 다시 들어가

눈비가 휩쓸려와 살이 굳고 뼈가 시려와
한쪽 구석에 쪼그리고 앉아 입김을 호호 불었어
눈 쌓인 껍데기가 바스러져
떨어져 내리고 있어

부서진 네 안에 몸을 동그랗게 말아
잠을 청해
작아진 몸이 껍질에 딱 붙었어

너를 매달고 사라진 일부를 찾아봐

깨지고 상처 난 뼈대가 저기 엎드려있어
두 손으로 살짝 잡았더니
물컹이는 살이 잡혀
껍데기를 꽉 잡고 쳐다보는 눈

남은 숨을 잡고
먹을거리를 찾다
빈 곳으로 들어오는 네게 살포시 안겨
살살 비치는 너에게 몸을 사르르 녹이고 있어

풀길

식은 밥 얻으러 캄캄한 밤
어린아이 손을 잡고 이집 저집 대문을 연다
간신히 얻은 밥 한 그릇
터벅터벅 풀길을 걷는다

좁은 방안
발로 짓밟으며 욕설을 한다
비 오는 날 납작하게 밟힌 지렁이
엎드러져 무방비인 그녀는
퉁퉁 불어 터지고 움직이지 못한다
살아있는 개구리를 잡아먹는 사마귀
죽어가는 개구리를 멍하니 본다

아이는 떨고 있다
폭력 앞에 던져진 신음소리
삼켜버린 목소리
태워도 태워도 수북이 쌓이는 울렁거림

숨

말라비틀어진 뼈다귀에 축축한 눈물이 떨어진다
앙상한 뼈가 구멍이 숭숭 뚫려 구멍 밖으로
짠내 나는 물들이 뜨겁게 빠져나온다
뼈와 뼈가 부딪히고 골수 빠진 뼈들,
살점들이 흩어져 날아가 버렸는지
뼈들이 제멋대로 포개져 있다
그것도 먹어보겠다고 배곯은 짐승들이 침을 뚝뚝 흘리며
와드득 씹고 또 씹는다
단단한 이로 살점 하나 없는 뼈를 물어뜯고 분질러
파편들이 튄다
눈알 없는 구멍으로 무엇을 본단 말인가
뜯기고 깨지는 마지막 남은 뼈 사이로 젖어 든다
분해되어 널려 있는 뼈들을 밟으며 걷는다
끝도 없는 길을 가느다란 숨을 붙잡아 컥컥거리며
절뚝절뚝 기어오른다
뼈를 잘 묻어주려 한 가닥 숨을 쉰다
한 가닥 숨을 내쉬어본다

검정 고무신

교실에서 나와 보니 고무신 한 짝이 사라졌다
누군가 버린 내 검정 고무신

나는 너를 잃고 헤매고 있다
애타게 찾느라 목이 붓고
소리 내어 울부짖느라 핏발이 굵다

축축한 곳에 잠들지 않아
햇살 아래 신겨질 거야

발에 흙이 묻고 까끌거리는 모래들
튀어나온 철사 병 조각들 살을 찔러댄다

선홍빛 핏자국, 잃어버린 검정 고무신
네가 숨긴 덕분에 멈추지 않는다 지워지지 않는다
그러나 나는 너를 신고 가리라
구멍 난 양말을 가려줄 검정 고무신

뚤방

동짓달 스무하루에 눈이 하얗게 내렸더란다
눈발이 나부끼고 햇살 한 줌 떨어져 내릴 때
배가 아파 추운 방을 엉금엉금 기어서 나왔더란다
하얀 눈발이 마당을 덮을락 말락
회색 슬레이트 지붕 처마 끝으로 떨어져 내릴 때
투박한 나무 마루를 가까스로 지나쳐
뚤방으로 내려와 통증을 비운다
찬바람이 온몸으로 들쳤을 그날
찬바람에 몸을 풀고 눈물을 다독였을 날
세상으로 한걸음 내디뎠을 작은 생명
팔뚝만 한 조그만 생명이 하얀 눈 위에 누워
따뜻한 방안으로 옮겨질 때까지
바람 햇살 구름 새들의 소리를 듣고 있었겠지
그날이 동짓달 스무하루였다

문

하얀 눈처럼 그렇게 눈부시지 않았다
어둠 속에 웅크리고 있다가
좁은 문을 빠져나오려고 쓰는 안간힘
세상에서 가장 추운 시간
걸친 거라곤 작고 여린 솜털들뿐
두 주먹 꼬옥 쥐고 어두운 문을 지나니
눈앞에 드러난 하얀 세상

여기가 세상의 바닥이다

아무런 염려도 슬픔도 묻히지 않으려
씻기고 닦아내어도
하얀 솜털 대신 거칠어져야 하는 시간들
땅 위에 덩그러니 떨어진 채
차가운 땅속을 뚫고 돋아나야 한다
하룻밤이 지나면 다음 날 밤이 또 찾아와
시린 이를 날마다 껴안고 몸부림친다

외출

들어오는 하얀 햇살을 기다리다
어둠을 밀쳐내려 형광등 불빛을 켜두고
시간을 부수고 있었다
비가 내리고, 천둥이 치는 밤
멀리 스며든 작은 불빛을 바라보다
밝은 빛이 따스하게 비출 때
그대로 머물기를…

작은 공기들이 햇살 사이를 뛰어다니고
수없이 곁을 맴돌아 다니는 걸 보다
그 햇살을 가지러 간다 오늘

수양버들

까만 때 끼어 있던 작은 손톱
씻어도 벗기지 않던 손톱 때
거칠어진 뱀 허물이 앉아 있는 손등
수많은 실금이 아우성치던 손바닥

작은 손으로 넓은 하늘 아래
좁다란 길을 따라 피어난 여린 순을
또독 꺾어 손톱 위에 바르곤
여린 줄기의 진액이 마르길 기다린다

심심하지 말라고
흐드러지게 늘어뜨린 수양버들
기다란 손 산들산들 흔들어 주던 그 길 위를
작은 손을 흔들며 걷는다

시멘트를 펄펄 끓게 달구곤
작은 몸을 따라 비추던 뜨겁던 태양
회색 전봇대만 아는 척하는 길

작은 몸을 질질 끌고 간다

하염없이 쏟아져 내린 눈부신 태양이
얼굴을 까맣게 태우곤
저 멀리 보이는 초록 숲에
하얀 땀방울을 듬성듬성 떨구어 괭이를 박는다

까만 때 빠지고 하얀 밥이 들어가도
여전히 괭이 박힌 작은 손을 안고
흔적 없는 수양버들을 향해 따뜻한 손 흔들어본다.

명태

햇볕이 짱짱하게 오전을 감싸 안고
나뭇잎 사이사이 손가락으로 움켜쥔 날
회색 시멘트 바닥은 하얗게 빛나고 있었다
그곳엔 바다를 헤엄쳐 다녔던
명태의 납작해진 머리가 하얗게 부서져 가고
자세히 보지 않으면 그곳에 있는지도 모를 만큼
형태가 사라진 얼굴로 말라비틀어져
하얀 눈으로 위만 바라보고 있었다
몸통은 사라진 지 오래인지
누가 몸통이 있었던 걸 이야기해 주지 않는다면
알지도 못할 만큼 흩어진 흔적도 보이지 않는다
보이지 않는다…

— 내가 있어야 할 곳에서 나는 자유로운가
외딴곳에서 서서히 부식되어가고 있진 않은가

제4부

대사리

대사리 잡으러 갈까
응 할머니
소쿠리로 바닥을 쓸어 담았더니
크고 작은 대사리가 흙이랑 섞여들어 있다
몇 번 소쿠리로 쓸어 담으니 꽤 잡혔다
한 양푼 잡은 대사리 들고 발걸음을 옮긴다
뜨거운 햇살이 살아 있던 날 밤
양푼에 익은 대사리 들고
커다란 느티나무 아래 옹기종기 앉아
대사리 꽁무니를 깨물어 쪽쪽 빨아먹던 날도
도란도란 시냇물에 흘러갔다
무더움을 날려주던 안개 낀 골짜기는
여전히 걸쳐 있는데 그때 그 나무는 온데간데
없고 그때 그 어르신들 몇 분 남지 않았다
대사리 따라 휙 넘어갔는지
사라져버린 느티나무 따라 갔는지
둥둥 하얀 안개만 떠다닌다

호미질

뜨겁던 한여름 뙤약볕에 착 달라붙은 흙
뿌리도 악착같이 돌덩이처럼 딱딱 붙어
호미질에 돌덩이 부딪히는 소리가 난다
칵칵 힘이 들어가는 팔
떨어져 내리는 땀방울
재미난 얘기 해줄까 하고 시작된
구전동화 같은 얘기들
꼭꼭 묻어두고 싶었던 그 재미난 얘기들
강물 속에 흘러가 버리고
할머니의 다정한 목소리만 맴맴 메아리친다
맴맴 찌르르르 한여름 산속
할머니의 재미난 이야기 소리
딱딱 긁어내는 호미 소리

시원한 바람이 옷깃을 펄렁인다.

머리 검은 짐승

이다음에 올 때 소주 한 병만 사갓고 와라잉
머리 검은 짐승은 거두는 게 아니여
나를 딸처럼 데리고 다녔다
밭에를 가도 논에를 가도
마실을 가도 꼭 붙어 다녔다
이런저런 이야기
친구처럼 엄마처럼 하시곤 했다
소주 한 병 두어 번이나 사 갔던가
역시 머리 검은 짐승은 거두는 게 아닌가

들깨 모종

비가 부슬부슬 내리던 날
들깨 모종을 솎아내어 다라에 이고
비탈진 산을 조심조심 내려와 저 너더 밭에
들깨 모종을 심었다
비가 오나 바람이 부나
논이랑 밭에서 살아야 하는 시골살이
비가 내리니 모종 심기엔 딱이었던 날
들깨 모종의 가느다란 줄기랑
비와 바람을 곱게 심은 날.

빈집

사람들은 집을 비워도 꽃은 피고
감나무엔 아기 감이 초록 감꼭지를 꼬옥 붙들었다

좁다란 골목길에 버려진 낡은 리어카
빛바랜 간판들
담벼락 안쪽 깨진 그릇들

화장실 문이 입을 열어 쏟아내는 냄새들
낡고 부서진 채 손길 없는 대문엔
피가 흐른 것처럼 혼이 쑤욱 빠져나간다

길고양이랑
유유히 날고 있는 흰 나비 한 마리만
이층집 담벼락을 살포시 오른다

검은 밤이 찾아들면 죽은 듯 낮게 깔린 공기들
비명소리, 꼴깍꼴깍 숨넘어가는 소리
담을 타고 돌아다닌다

터

또박또박 정갈하게 걷는다
오물 냄새 생선 비린내가 풍기는 터 안에서
또박또박 써 내려간다
일기장 안에 빼곡히 들어찬 삶의 글자들이
반듯하게 걷는다.

찢어지지 않습니다
잡아당겨도 절대 찢어지지 않습니다
천 원짜리 다섯 장에 팔고 있습니다
터 안에서 조금은 어눌하기도 하지만
야무진 말투로 몇 분을 사로잡는다.

가쁜 숨소리가 절로 나오고
땀방울이 송골송골 맺힌 터 안에서
몇 초 몇 분을 쪼개어 숨 가쁘게 할딱거리며
온몸을 바쁘게 돌려두고
조여드는 심장을 붙잡아 펼쳐준다 터 안에서.

사람들

이른 아침 지하철 의자 빈자리들이 꽉 채워지고
피곤하다는 말로 피곤을 털어내고 있는 누군가는
비를 머금은 연둣빛 싹을 보았을까

묵혀둔 된장 냄새 속 촉촉한 비가
아스팔트 위를 적시고 있다
초역세권 대단지 아파트 광고 현수막도
비를 맞으며 딱 붙어 있다

우산 속에 얼굴을 떨구고 걷는 중년의 아저씨
녹록지 않았던 삶이 아래만 바라보게 했을까
주머니에 꼭 넣어둔 저 손안엔 무엇이 살고 있을까

우산은 쓰지 않고 얼굴에 인상만 쓰고 가는 누군가는
무엇이 그의 인생을 스치고 갔을까
긁힌 속마음을 들키지 않으려 굵은 주름 패어두었을까

누군가는 눈물을 감추고 또 누군가는

분노를 뚝뚝 흘려보내기도 할 테지
텅 비어버린 누군가는 마음 밭을 채우는 법을
익혀갈 수 있을까

사람들 그리고 떨어지는 빗방울을 바라보며
우리는 한 걸음 앞으로 나아간다
사람들과 뒤섞여 그렇게 걷고 또 걸으며
가난한 마음을 위로한다.

할아버지

검버섯 송이송이 피워낸 얼굴
약국에 들렀는지 하얀 약봉다리를 손에 꼬옥 쥐고
한 손으론 호두과자를 입속으로 쏘옥 넣어
맛있게도 잡수신다.

사는 게 별건가
맛있는 거 먹고 세상 구경도 좀 하면서 사는 거지
어렵게 생각지 마러
다 짊어지고 가지 말고 먹고 싶은 거 먹고
행복하게 살어

앞만 보지 말고 옆에도 보고
초록빛 속삭임도 들으면서 그렇게 살어
할아버지는 말씀하신 듯했다

무겁던 마음을 비워내고 살아야지
맛있는 것도 먹고 세상 구경도 하면서 살아야지
벚나무 열매가 초록으로 매달린 오월
창 너머로 푸르른 오월을 응시한다.

무덤

까만 무덤 하나 지어놓는다
꺼내지 못하는 이야기들
혼자 꺼냈다가 누가 볼까 다시 쏙 들여놓는다

녹이 슨 낫자루 하나가 목을 치려 해
아픈 목을 쥐어틀고
밀어 넣었더니 가슴을 할퀴어놓는다

구더기들이 바글바글
시커먼 냄새가 스멀스멀

무덤가엔 연둣빛 풀들이 나풀나풀
하얀 꽃이 올망졸망
파란 하늘이 내려왔다

당숙 할머니

신탄진 한일병원
97세 호적은 100세
당신은 청춘을 여기저기 남겨두고
주글주글 가죽으로 남은 지 오래
뚝뚝 떨어지는 땀방울이 속눈썹에 닿아도
매콤한 작은 눈을 가늘게 뜨고
연신 손을 움직여 물김치를 담그셨다

잘 해이 잘살아 잘 허고 잘 살아이

한글도 숫자도 쓸 줄도 읽을 줄도 몰라
딸들에게 전화도 못 하시곤
열 몇 살인 내게 전화번호가 적힌 종이를 내민다
전화기에 적힌 숫자랑 비슷하게
크게 써서 드리니 같은 모양을 눌러 전화를 건다

내가 죽으면 누가 아까이
누가 알아 누가

작은 방에 누워 내게 푸념하시던 할머니

혼자 계심을 불안해하시다가
딸들 집에 가셨다가 요양원으로 가셨다가
이젠 병원으로 옮기셨다

몇 해 전 요양원에 찾아간 내게
할머니의 프린트된 사진들을 꺼내 주시며
이거 갖고 가이
한 장 두 장 계속 사진첩에서 꺼내어 주신다
보고 싶은 할머니 얼마 남지 않음을 예감하며
신탄진으로 향한다

오이에 솔을 썰어 넣고 맛있게 무친 반찬을
구부정한 허리를 땅에 붙이고 고샅길을 걸어 들어와
정옥아 정옥아
하고 내미신 귀한 반찬
아침에 같은 반찬을 해두고 맛을 보니

얼추 비슷한 맛에 할머니를 만난다
어렵게 살던 할머니는
더 가난한 어린 나를 생각했으리라

팔뚝만 한 것이 요렇게 컸어이
가니까 마당에 있어서 좀 방에 들여놓고 오지
아버지께 타박을 했다며 할머니는
나를 산파해준 얘기를 들려주셨다

방문을 열면 간소한 살림살이
딸들의 결혼식 사진이 낮은 천장 아래
그리운 자식들을 보며 잘살기를 빌고 또 빌었으리라

자주 찾아뵙지도 못하고 신세만 진 나는
더 살아주길 조금 더 살아내 주길
흔들리는 찬바람에 아담한 작은 비닐을 씌워
따스하게 상추가 자라듯 돌보아주신 할머니
할머니의 옷자락을 잡아끈다.

아버지

한 발로 꾹 누르고
두 손을 싹싹 비벼가며
새끼줄 꼬아가던 아버지

눈 내리면
닳아버린 싸리비를
두 손 가득 정성껏 잡으시고
싹싹 쓸어내던 아버지

해가 서산으로
뉘엿뉘엿 넘어가면
몇 시인가 보다
늘 말씀하시던 아버지

정옥이 너 그 사람
아냐 모르냐
어린 나에게 늘 이야기를
들려주며 말씀하시던 아버지

등을 새우처럼 구부정하고
느릿느릿한 걸음으로
걷다가 몇 번씩 쉬었다
가시던 아버지

치료사업 다녀오실 때면
맛있는 단팥빵을
품에서 꺼내주시던 아버지

손 시려 하면
꿇어앉은 다리 사이로
내 손을 넣어주시던
따뜻한 아버지

산에 가면
산딸기를 가득 따다
묵어라며

나무하시던 아버지

밭일하다 깜깜한 밤
검은 풀 가득한 길 위를
지게에 나를 태우고
오시던 아버지

지금도 여나리떡네
냉기떡네 정씨 부인
고중조 할아버지 여정까지
이야기하시는 아버지

저절로 자란 줄 알며
어리석게 산 나에게
뿌리 가득 사랑을
채워준 사랑하는 나의 아버지

벚나무

틈틈이 아껴 채우며
비바람 참고 견디었으리라

활짝 피워내려고
뿌리를 땅속 깊이 묻었으리라

깜깜한 어둠 속에서도 흙을 껴안고
입을 앙다물고 뻗어 나갔으리라

조금 더 아름답게 꽃피우려
촉수를 내밀었으리라

새하얀 눈 등불 삼아
여리고 약한 팔을 뻗어보았으리라

어두운 곳에서 눈물을 삼켜가며
좁은 길을 점점 넓혀갔으리라

딱딱한 바윗돌에 앞이 막히면
돌아 돌아갔을 테고

차가운 유리에 베여 상처도 났을 테지
그래도 견디어내고 견디어냈으리라

살아내려 참아냈으리라
우리네 인생처럼

분홍 밥 하얀 밥 흐드러지게 담아
빈 가지 가득 눌러 담은 밥알들
눈부시게 피워냈다.

만나고 싶은 봄

잠시 앉았다 가는 소나기였을까
고개를 숙이고 걷다 잠시 올려다본 하늘이었을까
방긋 웃고 있는 민들레꽃에 눈길 한번 쓱 주었을까
길게 너를 앉혀 두고 보고 싶어
촉촉하게 바닥을 적신 너를
하늘에 있는지 꽃 속에 숨었는지
초록 잎사귀 위 슬금슬금 기어가는
작은 벌레 뒤를 뒤적이고 있어

평생 비는 내리고
평생 하늘을 바라볼 수 있어
계절 따라 꽃은 피어나지

죽기 전까지 뒤적이며 찾아 헤맬 거야
이가 다 빠져도 주름이 온몸을 덮어도
눈이 가물거려 앞이 잘 보이지 않아도
꽃을, 나뭇가지 그림자를 보며 너를 찾을 거야
소소한 이야기에 크게 웃을 거고 웃음이 끊이지 않을 거야

손이 얼굴로 머리카락으로 옮겨갈 때마다
눈빛은 너를 보며 빛나고 있을 거야

잠시 들렀다 가는 소나기가 아니야
종종 날아드는 새처럼 집 앞 나뭇가지에 앉을 거야
고개를 갸웃거리며 찾을 거고
나는 그런 너를 사랑스럽게 바라보겠지
푸드덕 날아가도 다시 찾아올 너를 기다릴 거야
창밖을 자주 내다볼 거고 따뜻한 봄을 만날 거야
네가 주는 봄을 평생 맞이할 거야

장독대

말끔한 얼굴로 반질반질 윤을 내며
쨍쨍 뜨거운 햇볕도 차디찬 비바람도
소복이 쌓인 하얀 눈도
토닥토닥 몸에 새긴다

구멍 뚫린 시루 항아리
가마솥에 올려두고 아궁이에 불을 땐다
아픈 어머니가 팥 시루떡을 한다

무를 다발 다발 넣고 소금 뿌려
공동 우물에서 줄을 내려 물을 길어 붓는다
찬바람 맞아가며
큰 독 두 개 가득 싱건지를 담근다

구부리고 엎드려 보물처럼 쓰다듬던
고만고만한 항아리들
짠맛 단맛 쓴맛이
해마다 반짝거리며 익어간다

김정옥의 시세계

가족과 자연의 힘으로
피로 사회를 넘어서다

권온

(문학평론가)

　김정옥은 시 「만나고 싶은 봄」에서 "죽기 전까지 뒤적이며 찾아 헤맬 거야/ 이가 다 빠져도 주름이 온몸을 덮어도/ 눈이 가물거려 앞이 잘 보이지 않아도"라고 진술하였다. 시인은 자신에게 삶의 기운이 남아 있는 한 무언가를 필사적으로 찾으려는 의욕을 포기하지 않겠다고 선언한 것이다. 그녀가 발견하려는 대상이 정확히 무엇인지를 단언하기는 쉽지 않겠으나 그것이 '꽃', '나뭇가지 그림자', '소소한 이야기', '웃음', '새', '봄' 등과 연결된다고 추정할 수는 있다. 김정옥은 어쩌면 자연과 인간의 조화 또는 균형을 꿈꾸는 것이 아닐까? 시집에 수록된 유의미한 시편을 점검하면서 우리의 생각과 꿈을 구체화할 것을 다짐해 본다.

    병 조각이 깨져 발을 상하게 하는 길은
    들꽃이 별처럼 펼쳐져 있기도 했어요
    우박이 떨어지기도 했지요
    작은 우산이 찢어져 물이 새고
    온몸을 축축이 적셨어요
    나는 옆으로 난 작은 오솔길을 발견하곤
    얼른 그곳으로 도망쳤어요
    숲이 우거진 곳에 커다란 우산이 놓여 있었지요
    우산을 슬그머니 잡고 걸었어요
    걷다 보니 구불구불하고 캄캄한 숲을 헤매고 있었어요
    사나운 짐승의 포효가 들려와
    눈을 크게 떠봐도 앞이 보이지 않았지요
    커다란 바위랑 가시나무가 막아서고 있었어요
    우산을 펼치자 커다란 우산은
    갑자기 저 멀리 달아나는 거예요
    비에 흠뻑 젖어 헝클어진 나는
    젖은 몸을 말리며 엉금엉금 기어갔어요
    살이 쭉 빠진 멸치처럼

두리번거리며 우산을 찾았어요

우산은 낡고 힘이 없었지만

버려둔 그 자리에 얌전히 있었지요

다시 집어 들어 펼치자 찢어진 우산 사이로

예쁜 꽃이 피어 나를 반기는 거예요

잔잔히 웃고 있는 아담한 집도 한 채

웅크리고 앉아 있었어요

딱 맞는 옷도 개켜져 있었지요

소박한 음식을 먹고 방안에 누워

맑은 노랫소리에 깨어보니

모든 것이 여기에 있었어요

―「풀잎」 부분

  이 작품은 이번 시집의 세계관을 대표하는 시일 수 있다. 이곳에는 자연물을 포함한 다채로운 사물이 등장한다. '병 조각', '들꽃', '우박', '우산', '오솔길', '짐승', '바위', '가시나무', '집', '옷', '음식', '노랫소리' 등이 조성하는 분위기는 예사롭지 않다. 시적 화자 '나'는 고난이나 역경 또는 모험을 돌파하는 영웅의 모습을 닮았다. '나'는 '길' 앞에 선 존재로서 비를 맞으며 병 조각, 우박, 캄캄한 숲, 바위, 가시나무 등의 장애물들을 뛰어넘어 앞으로 나아가야 할 운명이 위치하기 때문이다. 아무리 "눈을 크게 떠봐도 앞이 보이지 않"는 절망적인 상황 앞에서도 시적 화자는 희망을 포기하지 않았다. '나'에게는 "별처럼 펼쳐져 있"는 들꽃이 있었고, 몸을 피할 수 있는 작은 오솔길이 있었으며, "낡고 힘이 없"는 "찢어진 우산"이 있었던 것이다. 그리고 마침내 "나를 반기는", "예쁜 꽃"을 목도하는 순간, 이 시를 읽는 독자들의 마음은 뜨거운 감동에 다다른다. "모든 것이" 갖춰진 "여기"는 바로 풀잎의 세계이자 자연의 세계이며 '나'와 자연이 하나가 되는 우주일 것이기 때문이다.

    회색 슬레이트 지붕 아래 찍찍거리는 생쥐들
    밤새워 달리기 시합을 했어
    네 모퉁이가 쥐 오줌으로 적셔진 천장
    생쥐가 떨어질까 맘 졸이다가
    잠이 들곤 했던 좁은 방안

    전깃줄엔 참새들이 다닥다닥
    처마 밑엔 귀여운 집
    바닥에 떨어진 새끼 한 마리 넣어주었어
    빨랫줄에 종종 내려앉은 잠자리들
    아직도 마당을 지키고 있는 감나무 한그루

    골목을 지나면 아주머니들의 빨랫방망이 소리
    이슬 맺힌 풀숲을 걸으면

한두 채 정도 나타나는 음침한 빈집들
환한 대낮에 들어가도 냉기가 쫙 흐르지

꽹과리 징 북이 춤을 추는 동네잔치
쌀도 내놓고 돈도 내놓고 어울려 먹었어

허물어진 돌담을 넘어
빨간 뱀딸기 돗나물 달래 잼피 나무
꽃상여 소리 구슬피 산을 오른다

—「제비집」 전문

  이 시는 과거와 현재의 대화일 수 있다. '회색 슬레이트 지붕', '생쥐들', '쥐 오줌', '천장', '참새들', '잠자리들', '빨랫방망이 소리' 등은 1970년대 한국 사회를 대표하는 어휘일지도 모른다. 또한 '꽹과리', '징', '북', '쌀', '돈', '돌담', '뱀딸기', '돗나물', '달래', '잼피 나무' 등은 과거의 전통을 기억하거나 회상할 수 있는 매개체가 된다. 당대 사회에서 한국인은 서로 하나가 되어 어우러지면서 '동네잔치'를 실천하였다. 이와 같은 좋았던 한때는 영원할 수 없었던 것일까? 이제 남아 있는 것은 "허물어진 돌담"과 "냉기가 쫙 흐르"는 "음침한 빈집들"이다. 김정옥은 작품의 마무리인 5연 3행에서 "꽃상여 소리 구슬피 산을 오른다"라고 진술하였는데 이는 과거의 소멸을 의미한다.

다행스러운 점은 시인이 2연 5행에서 "아직도 마당을 지키고 있는 감나무 한그루"를 언급하고 있다는 사실이다. 우리로서는 그녀가 제시한 영원한 현재로서의 자연을 마음속 깊이 품어 볼 일이다.

    곤충들이랑 새소리가 바람과 함께 뛰어오는 날

    달콤쌉싸름한 향이 나는 까마귀가 울부짖는 숲속
    벌레 먹은 풀잎 위에 두 눈을 앉히곤
    까만 개미가 바위틈으로 들어가는 걸 바라본다

    눈이랑 귀를 걸어 잠그고 살다
    문고리를 열어 꺼내어 본다

    달큼한 감 냄새
    끊임없이 존재해나가는 생명들

    너에게 안긴다
                                 —「감 냄새」전문

  김정옥은 감나무의 열매로서의 '감'에 주목한다. 여기에서의 감은 단순한 과일이 아니다. 감은 '곤충들', '새소리', '바람',

'까마귀', '벌레', '풀잎', '개미', '바위' 등 다채로운 자연물과 연결된다. 시인에게 감은 '너'라는 이름으로 구체화할 수 있는 긴요한 대상이다. 그녀에게 감을 마주한다는 것은 눈, 코, 귀, 입 등의 감각 기관을 활성화하는 일이다. 특히 "달콤한 감 냄새"나 "달콤쌉싸름한 향" 등 후각 관련 표현들은 이 세계의 존재들에게 또는 생명들에게 제공하는 김정옥의 생생한 선물이 아닐 수 없다.

> 감자 고구마 보따리를 이고 장에 간다
> 몇 알 담긴 바구니를 앞에 두고
> 손님을 기다리며 쪼그리고 앉아
> 얼마냐고 묻는 아주머니께
> 천 원이요 이천 원이요 교환을 한다
> 얼마 팔리지도 않았는데
> 외할머니는 내 손을 잡고
> 뜨거운 해를 맞으며 장터 안
> 허름한 음식점으로 향한다
> 팥칼국수 두 그릇이요
> 달콤한 맛이 입안에서 녹아내린다
>
> 오일장에서 팔다 남은 감자알 고구마 알
> 들고 버스에서 내린다

> 어린 마음에 바구니 앞에 앉아 있던 내가
> 괜히 부끄러워 한없이 작아졌고
> 등이 굽은 외할머니가 안쓰러웠다
> 한없이 착하기만 하셨던 분
> 장터는 나와 외할머니의 소중한 추억이
> 곱게 내려와 아직 그 자리에 있다
> 농사지은 작물을 조금씩 내다 팔아
> 적은 돈으로 바꾸어 먹이고 입히고 사셨을
> 나의 소중한 분
>
> 그 역에 멈추어 본다
>
> ―「외할머니 역」 전문

시적 화자 '나'는 '외할머니'를 기억한다. '나'는 그녀와 함께 오일장에 가서 감자와 고구마를 팔고 허름한 음식점에서 팥칼국수를 먹었다. 물론 유년의 '나'는 외할머니와 함께 감자알과 고구마 알이 담긴 바구니 앞에 앉아 있었던 시간을 부끄러움이나 안쓰러움 같은 감정으로서 회상하기도 한다. 하지만 '나'가 간직한 그녀의 이미지는 본질적으로 긍정적이다. 외할머니는 "한없이 착하기만 하셨던 분"이고 "나의 소중한 분"이기 때문이다. '나'에게 오일장이 열렸던 장터는 "소중한 추억"이 펼쳐졌던 아름다운 공간이다. 김정옥은 이 시에서 외할머니를

"외할머니 역"으로 규정한다. 시인은 특정한 사람을 역으로 네이밍naming함으로써 추억의 구체화에 성공하고 있다. 또한 외할머니가 제공한 팥칼국수의 매력을 담은 "달콤한 맛이 입 안에서 녹아내린다"라는 진술에는 독자들의 마음을 들뜨게 할 수 있는 풍성한 감각이 위치한다.

    질겅질겅 씹히는 하루
    단물이 쏘옥 빠지면 뱉어진다

    세상은 나를 씹는다
    커다란 입안에서 말랑말랑 움직인다

    단물 쪽 빠진 나는
    하얀 얼굴이 누런색이 된다

    뱉어진 나는 몸을 동그랗게 웅크리고
    바스락대는 종이에 싸여 버려진다
                           —「나의 밤」전문

"세상은 나를 씹는다"라는 2연 1행의 진술은 울림이 크다. 시적 화자 '나'에게 감당하기 힘든 피로를 제공하는 현대 사회를 보여주기 때문이다. "질겅질겅 씹히는 하루"는 직장에서의 난감한 대인관계를 연상시키기도 한다. 세상은 '나'를 그냥 내버려두지 않는다. "단물이 쏘옥 빠"질 때까지 씹어대기 때문이다. "하얀 얼굴이 누런색이 된다"라는 '나'의 고백은 스트레스에 시달리며 고통을 참는 현대인의 일상을 시각화한다. 특히 "뱉어진 나는 몸을 동그랗게 웅크리고/ 바스락대는 종이에 싸여 버려진다"라는 4연의 진술은 단물 빠진 씹던 껌으로서의 우리들 자신의 얼굴을 감각적으로 재현한다.

  또박또박 정갈하게 걷는다
  오물 냄새 생선 비린내가 풍기는 터 안에서
  또박또박 써 내려간다
  일기장 안에 빼곡히 들어찬 삶의 글자들이
  반듯하게 걷는다.

  찢어지지 않습니다
  잡아당겨도 절대 찢어지지 않습니다
  천 원짜리 다섯 장에 팔고 있습니다
  터 안에서 조금은 어눌하기도 하지만
  야무진 말투로 몇 분을 사로잡는다.

  가쁜 숨소리가 절로 나오고
  땀방울이 송골송골 맺힌 터 안에서

몇 초 몇 분을 쪼개어 숨 가쁘게 할딱거리며

　　온몸을 바쁘게 돌려두고

　　조여드는 심장을 붙잡아 펼쳐준다 터 안에서.

―「터」 전문

　이 시의 제목인 '터'는 땅이나 자리 또는 밑바탕을 의미한다. 김정옥은 1연 3행, 2연 4행, 3연 5행에서 공통적으로 "터 안에서"라는 표현을 제시한다. 시인이 주목하는 '터'라는 공간은 어떤 특성을 갖고 있는가? 1연에 의하면 터는 "오물 냄새 생선 비린내가 풍기는" 곳이다. 또한 터는 "삶의 글자들이/ 반듯하게 걷는" 곳이기도 하다. 2연에 따르면 터는 "잡아당겨도 절대 찢어지지 않"는 "천 원짜리 다섯 장에 팔고 있"는 어떤 대상이 유통되는 공간이다. 그리고 3연에 의하면 터는 "가쁜 숨소리가 절로 나오고/ 땀방울이 송골송골 맺힌" 곳이다.

　언급된 특성들을 종합하자면 터는 음식과 관련된 물품을 사고파는 장소로 추정된다. 특히 터는 "몇 초 몇 분을 쪼개어 숨 가쁘게 할딱거리며/ 온몸을 바쁘게 돌려주고/ 조여드는 심장을 붙잡아 펼쳐"주는 역동적인 곳이다. 시인은 1연의 "또박또박 정갈하게 걷는다", "또박또박 써 내려간다"라는 진술에서 '걷다'와 '쓰다'를 동일선상에서 연결한다. 그녀는 시를 쓰는 일이 삶의 길과 다른 것이 아님을 복합적으로 보여준다. 터는 시 쓰는 곳이자 삶 사는 곳이다.

검버섯 송이송이 피워낸 얼굴
약국에 들렀는지 하얀 약봉다리를 손에 꼬옥 쥐고
한 손으론 호두과자를 입속으로 쏘옥 넣어
맛있게도 잡수신다.

사는 게 별건가
맛있는 거 먹고 세상 구경도 좀 하면서 사는 거지
어렵게 생각지 마러
다 짊어지고 가지 말고 먹고 싶은 거 먹고
행복하게 살어

앞만 보지 말고 옆에도 보고
초록빛 속삭임도 들으면서 그렇게 살어
할아버지는 말씀하신 듯했다

무겁던 마음을 비워내고 살아야지
맛있는 것도 먹고 세상 구경도 하면서 살아야지
벚나무 열매가 초록으로 매달린 오월
창 너머로 푸르른 오월을 응시한다.

―「할아버지」 전문

삶의 소중함 또는 위대함은 그것의 일회성에서 기인하는 것

인지 모른다. 누구에게나 삶의 매순간은 최초의 체험이자 경험일 것이기에 사람들은 늘 불안할 수 있다. 예상할 수 없는 우연적인 일들의 연속인 삶이 쌓여서 인생이 된다. 김정옥은 "검버섯 송이송이 피워낸 얼굴" 또는 '할아버지'로부터 삶의 핵심을 발견한다. 삶의 연륜이 축적된 할아버지에 따르면 "무겁던 마음을 비워내고 살아야" 한다. "다 짊어지고 가지 말"아야 한다. "어렵게 생각지" 말아야 한다. "맛있는 것도 먹고 세상 구경도 하면서 살아야" 한다. "초록빛 속삭임도 들으면서" 살아야 한다. 무엇보다도 "행복하게 살"아야 한다. "호두과자를 입속으로 쏘옥 넣어/ 맛있게도 잡수"실 수 있었던, 음미할 줄 알았던 할아버지는 우리에게 행복의 비결을 전달한다. 음식과 여행과 자연을 즐길 수 있는 삶이라면 그것으로 충분한 것이다.

> 신탄진 한일병원
>
> 97세 호적은 100세
>
> 당신은 청춘을 여기저기 남겨두고
>
> 주글주글 가죽으로 남은 지 오라
>
> 뚝뚝 떨어지는 땀방울이 속눈썹에 닿아도
>
> 매콤한 작은 눈을 가늘게 뜨고
>
> 연신 손을 움직여 물김치를 담그셨다

잘 해이 잘살아 잘 허고 잘 살아이

한글도 숫자도 쓸 줄도 읽을 줄도 몰라
딸들에게 전화도 못 하시곤
열 몇 살인 내게 전화번호가 적힌 종이를 내민다
전화기에 적힌 숫자랑 비슷하게
크게 써서 드리니 같은 모양을 눌러 전화를 건다

내가 죽으면 누가 아까이
누가 알아 누가
작은 방에 누워 내게 푸념하시던 할머니

─「당숙 할머니」부분

  '할아버지'에 이어서 시인이 이번에 집중하는 인물은 '당숙 할머니'이다. '97세' 또는 '100세'의 당숙 할머니는, "주글주글 가죽으로 남은" 그녀는 살아 있는 역사로서 독자들에게 삶의 지혜를 제공할 수 있다. "잘 해이 잘살아 잘 허고 잘 살아이"라는 당숙 할머니의 발언은 단순하고 소박하면서도 삶의 진실을 담고 있다는 점에서 유의미하다. "한글도 숫자도 쓸 줄도 읽을 줄도" 모르는 채 한평생 살아온 할머니는 시대적이거나 사회적으로 열악한 상황 속에서 배움의 기회를 얻지 못했을 것이다. 독자의 입장에서 '신탄진 한일병원'에 위치한 당숙 할머니는 구체성이 충만한 캐릭터로서 다가올 수 있다. 나의 할머니, 너의 할머니, 우리 모두의 할머니가 탄성하는 순간이 아닐 수 없다.

손 시려 하면
꿇어앉은 다리 사이로
내 손을 넣어주시던
따뜻한 아버지

산에 가면
산딸기를 가득 따다
묵어라며
나무하시던 아버지

밭일하다 깜깜한 밤
검은 풀 가득한 길 위를
지게에 나를 태우고
오시던 아버지

지금도 여나리떡네
냉기떡네 정씨 부인
고증조 할아버지 여정까지

이야기하시는 아버지

저절로 자란 줄 알며
어리석게 산 나에게
뿌리 가득 사랑을
채워준 사랑하는 나의 아버지

―「아버지」 부분

모든 인간은 본질적으로 홀로 존재한다. 태어날 때도 살아갈 때도 죽을 때도 그러할 수 있다. 우리는 삶의 결정적인 순간마다 스스로 결정을 내려야 하기 때문이다. 외로운 존재로서의 숙명을 가진 인간에게 부모는 가장 가까운 대상일 수 있다. 자녀의 입장에서 부모는 자신을 가장 잘 아는 사람들이다. 김정옥은 이 시에서 아버지에 주목한다. 아버지는 시적 화자 '나'의 무게를 온전히 감당하는 사람이다. 그는 또한 '나'에게 따뜻함이나 맛있는 음식도 제공한다. 할아버지가 아버지에게 그러했듯이 무엇보다도 아버지는 '나'에게 "뿌리 가득 사랑을/채워준" 사람이다. 시인이 형상화하는 "사랑하는 나의 아버지"는 삭막한 인간의 내면을 녹일 수 있는 시원한 오아시스이다. 우리들 각자의 오아시스를 찾아봐야겠다.

김정옥의 시집 『풀잎』을 「만나고 싶은 봄」, 「풀잎」, 「제비집」, 「감 냄새」, 「외할머니 역」, 「나의 밤」, 「터」, 「할아버지」, 「당숙 할머니」, 「아버지」 등 10편의 시를 중심으로 고찰하였다. 시인이 표현한 시 세계의 중심에는 '자연', '인간', '사회', '삶' 그리고 '시'가 있었다. 특히 그녀가 형상화하는 인간은 '나'에서 출발하여 아버지와 외할머니를 비롯한 가족을 포함하며 생의 현장에서 숨소리와 땀방울을 드러내며 열심히 살아가는 다수의 사람들을 껴안는다.

영국의 작가 J.K. 롤링J.K. Rowling은 "가족은 험악한 바다로서의 삶에 주어진 구명조끼이다.(Family is a life jacket in the stormy sea of life.)"라고 이야기하였는데 이와 같은 언급은 김정옥의 이번 시집에 수록된 '가족' 시편에도 타당하게 적용될 수 있다. 우리는 또한 시인이 선택한 시집 제목이 '풀잎'임에 주목할 필요가 있다. 그녀는 현대現代가 전대前代와 달리 자연과 멀어져 있다고 판단하고, 우리가 다시 자연과 공존할 때 피로 사회를 극복할 수 있다고 믿는다. 미국에 월트 휘트먼Walt Whitman의 '풀잎(Leaves of Grass)'이 건재하다면 한국에는 김정옥의 '풀잎'이 있음을 잊어서는 안 되겠다.

| 김정옥 |

1980년 전남 곡성 출생. 한국방송통신대학교 국어국문학과를 졸업했고, 2021년 『시사사』로 등단했다. 예띠 시 낭송회 회원이며, 글길문학 동인으로 활동 중이다.

이메일 : hisupansa@hanmail.net

현대시 기획선 068
풀잎

초판 1쇄 발행 · 2022년 5월 12일
2 판 1쇄 발행 · 2025년 11월 5일
지은이 · 김정옥
펴낸이 · 이선희
펴낸곳 · 한국문연
서울 서대문구 증가로29길 12-27, 101호
출판등록 1988년 3월 3일 제3-188호
편집실 | 서울 서대문구 증가로31길 39, 202호
대표전화 302-2717 | 팩스 · 6442-6053
디지털 현대시 www.koreapoem.co.kr
이메일 koreapoem@hanmail.net

ⓒ 김정옥 2022
ISBN 978-89-6104-404-2 03810

값 13,000원

* 잘못된 책은 바꾸어 드립니다.